Impressum
Verlag: BABADADA GmbH, Nedderfeld 112 , 22529 Hamburg
Geschäftsführer / Verlagsleitung: Harald Hof
Druck: Books on Demand GmbH, In de Tarpen 42, 22848 Norderstedt

Imprint
Publisher: BABADADA GmbH, Nedderfeld 112 , 22529 Hamburg, Germany
Managing Director / Publishing direction: Harald Hof
Print: Books on Demand GmbH, In de Tarpen 42, 22848 Norderstedt, Germany

школа
Schule

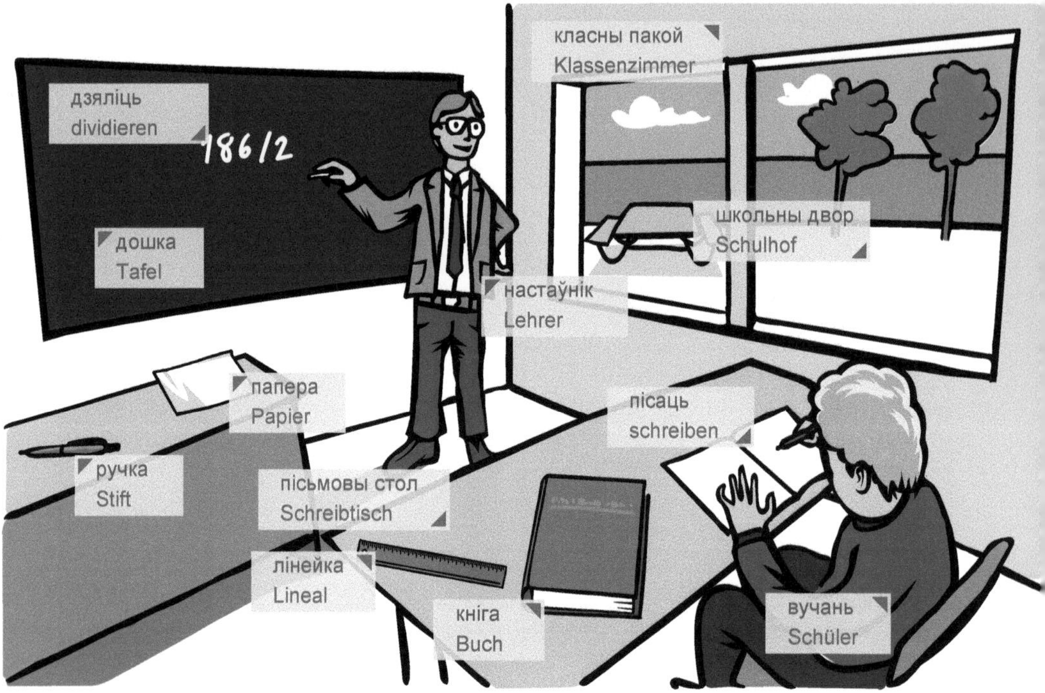
класны пакой
Klassenzimmer
дзяліць
dividieren
186/2
дошка
Tafel
школьны двор
Schulhof
настаўнік
Lehrer
папера
Papier
пісаць
schreiben
ручка
Stift
пісьмовы стол
Schreibtisch
лінейка
Lineal
кніга
Buch
вучань
Schüler

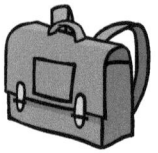

ранец
Ranzen

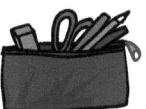

пенал
Federmappe

просты аловак
Bleistift

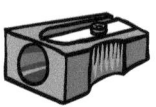

тачылка для алоўкаў
Bleistiftanspitzer

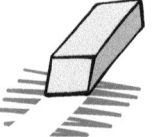

гумка
Radiergummi

альбом для малявання
Zeichenblock

малюнак

Zeichnung

пэндзлік

Pinsel

фарбы

Malkasten

нажніцы

Schere

клей

Klebstoff

сшытак

Übungsheft

хатняе заданне

Hausaufgabe

лік

Zahl

дадаваць

addieren

адымаць

subtrahieren

множыць

multiplizieren

лічыць

rechnen

літара

Buchstabe

алфавіт

Alphabet

слова

Wort

тэкст

Text

чытаць

lesen

крэйда

Kreide

ўрок

Stunde

класны журнал

Klassenbuch

экзамен

Prüfung

атэстат

Zeugnis

школьная форма

Schuluniform

адукацыя

Ausbildung

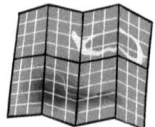

энцыклапедыя

Lexikon

універсітэт

Universität

мікраскоп

Mikroskop

карта

Karte

смеццевы кошык

Papierkorb

падарожжа

Reise

гатэль
Hotel
Grand
хостэл
Herberge
ROOMS
абменны пункт
Wechselstube
EXCHANGE
чамадан
Koffer
аўтамабіль
Auto

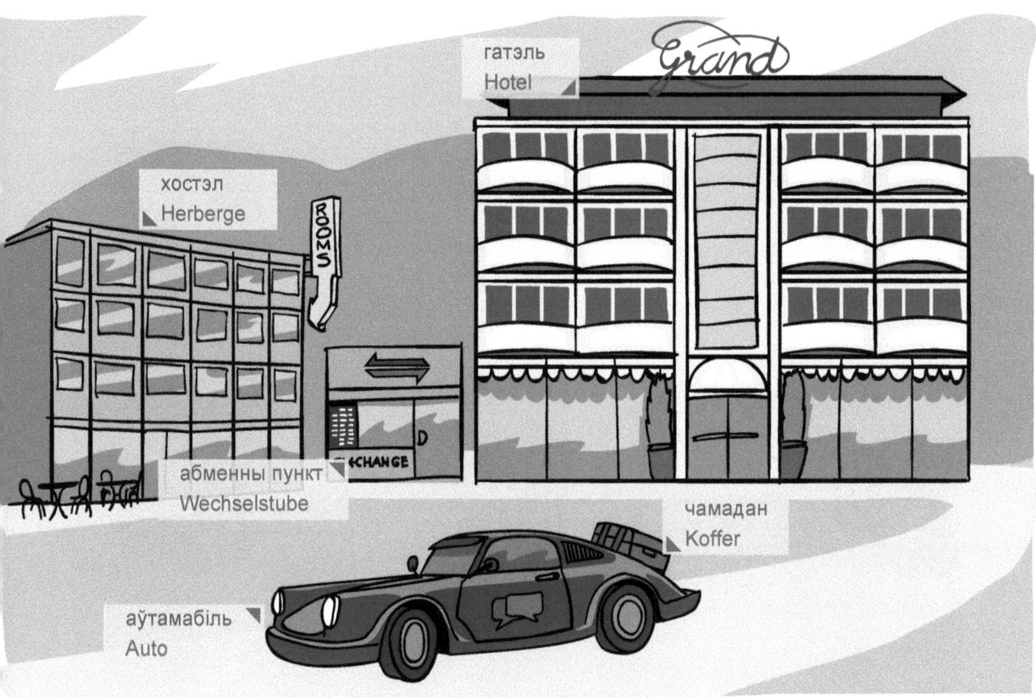

мова

Sprache

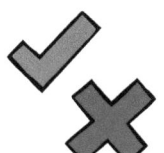

так / не

ja / nein

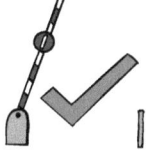

добра

Okay

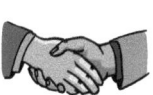

прывітанне!

Hallo

перакладчык

Übersetzer

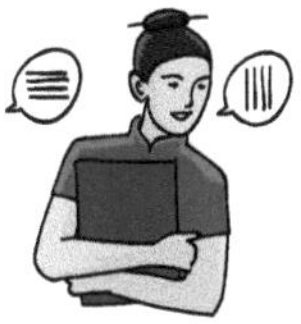

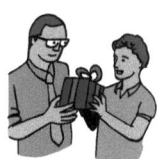

дзякуй

Danke

Колькі каштуе....?

Was kostet...?

я не разумею

Ich verstehe nicht

праблема

Problem

Добры вечар!

Guten Abend!

Добрай раніцы!

Guten Morgen!

Дабранач!

Gute Nacht!

да пабачэння

Auf Wiedersehen

кірунак

Richtung

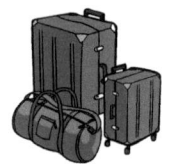

багаж

Gepäck

сумка

Tasche

заплечнік

Rucksack

госць

Gast

пакой

Zimmer

спальны мяшок

Schlafsack

палатка

Zelt

інфармацыя для турыстаў

Touristeninformation

пляж

Strand

крэдытная картка

Kreditkarte

снеданне

Frühstück

абед

Mittagessen

вячэра

Abendessen

праязны білет

Fahrkarte

ліфт

Fahrstuhl

паштовая марка

Briefmarke

мяжа

Grenze

мытня

Zoll

пасольства

Botschaft

віза

Visum

пашпарт

Pass

транспарт

Transport

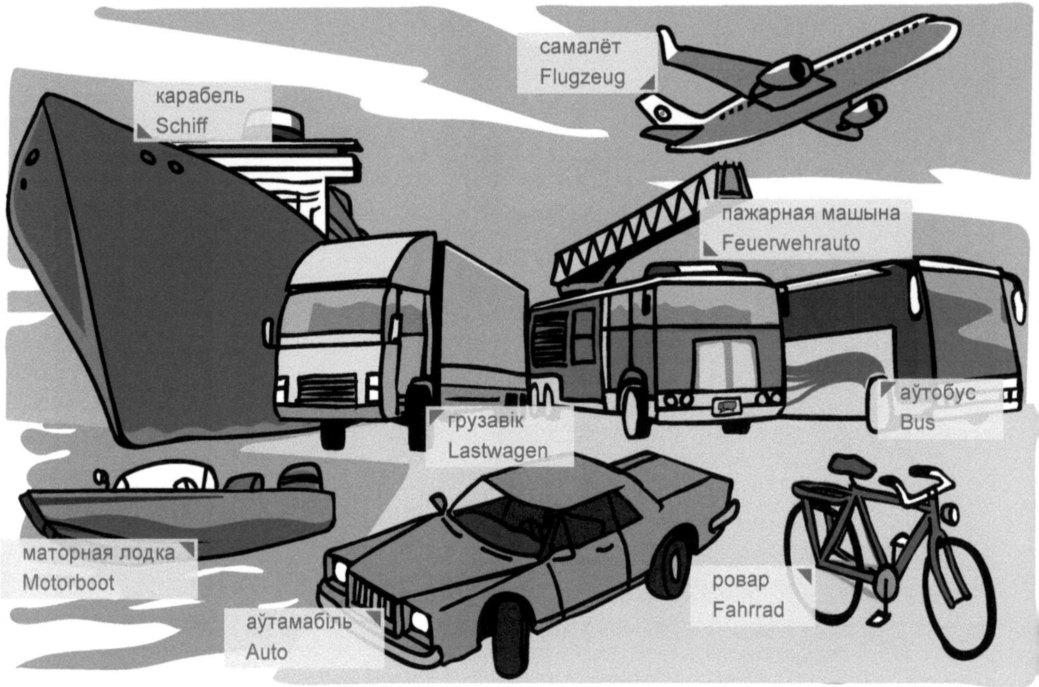

самалёт
Flugzeug
карабель
Schiff
пажарная машына
Feuerwehrauto
аўтобус
Bus
грузавік
Lastwagen
маторная лодка
Motorboot
ровар
Fahrrad
аўтамабіль
Auto

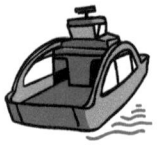

паром

Fähre

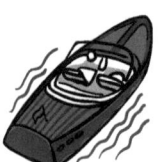

лодка

Boot

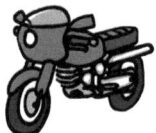

матацыкл

Motorrad

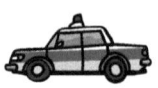

паліцэйская машына

Polizeiauto

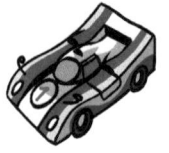

гоначны аўтамабіль

Rennauto

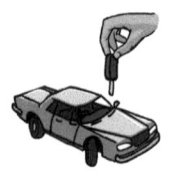

арэндаваны аўтамабіль

Mietwagen

сумеснае карыстанне
аўтамабілем

Carsharing

эвакуатар

Abschleppwagen

смеццявоз

Müllauto

матор

Motor

паліва

Kraftstoff

запраўка

Tankstelle

дарожны знак

Verkehrsschild

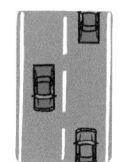

дарожны рух

Verkehr

затор

Stau

паркоўка

Parkplatz

чыгуначная станцыя

Bahnhof

рэйкі

Schienen

цягнік

Zug

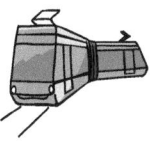

трамвай

Straßenbahn

вагон

Wagon

верталёт

Helikopter

аэрапорт

Flughafen

вежа

Tower

пасажыр

Passagier

кантэйнер

Container

кардонная скрыня

Karton

тачка

Karren

карзіна

Korb

ўзлятаць / прызямляцца

starten / landen

горад

Stadt

вёска

Dorf

цэнтр горада

Stadtzentrum

дом

Haus

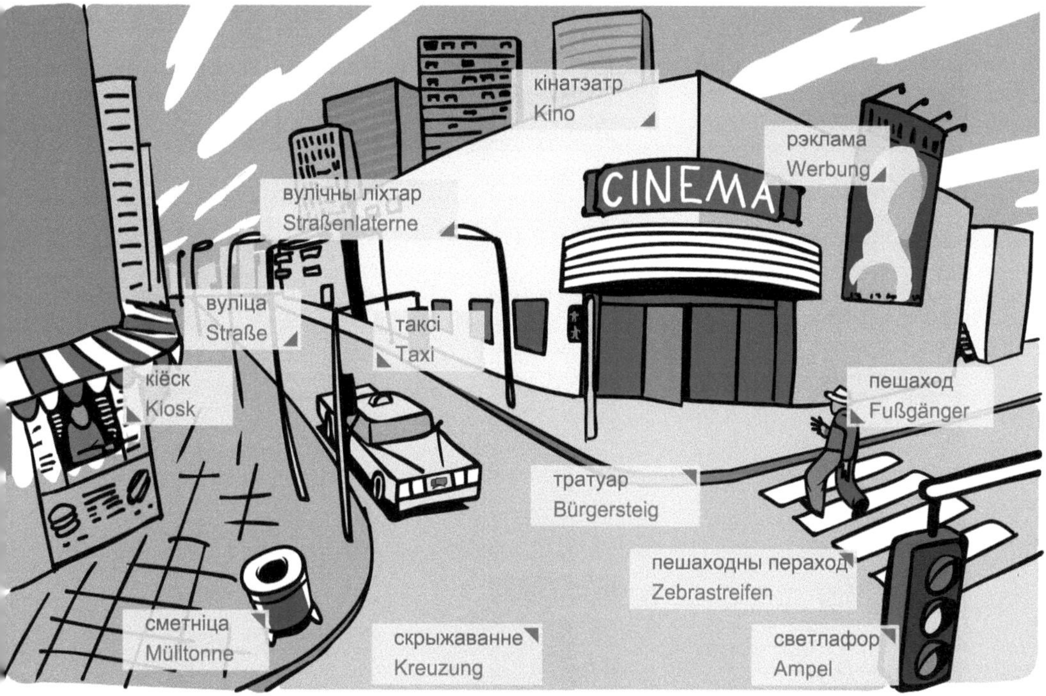

кінатэатр
Kino

рэклама
Werbung

вулічны ліхтар
Straßenlaterne

CINEMA

вуліца
Straße

таксі
Taxi

кіёск
Kiosk

пешаход
Fußgänger

тратуар
Bürgersteig

пешаходны пераход
Zebrastreifen

сметніца
Mülltonne

скрыжаванне
Kreuzung

светлафор
Ampel

халупа

Hütte

кватэра

Wohnung

чыгуначная станцыя

Bahnhof

ратуша

Rathaus

музей

Museum

школа

Schule

універсітэт

Universität

банк

Bank

шпіталь

Krankenhaus

гатэль

Hotel

аптэка

Apotheke

офіс

Büro

кнігарня

Buchhandlung

крама

Geschäft

кветкавая крама

Blumenladen

супермаркет

Supermarkt

кірмаш

Markt

універмаг

Kaufhaus

рыбная крама

Fischhändler

гандлевы цэнтр

Einkaufszentrum

порт

Hafen

парк

Park

лава

Bank

мост

Brücke

лесвіца

Treppe

метро

U-Bahn

тунэль

Tunnel

прыпынак

Bushaltestelle

бар

Bar

рэстаран

Restaurant

паштовая скрыня

Briefkasten

вулічны паказальнік

Straßenschild

паркамат

Parkuhr

заапарк

Zoo

басейн

Badeanstalt

мячэць

Moschee

сядзіба

Bauernhof

забруджванне
навакольнага асяроддзя

Umweltverschmutzung

могілкі

Friedhof

царква

Kirche

пляцоўка для гульні

Spielplatz

храм

Tempel

краявід

Landschaft

ліст
Blatt

паказальнік
Wegweiser

дарога
Weg

луг
Wiese

камень
Stein

падарожнік
Wanderer

дрэва
Baum

рака
Fluss

трава
Gras

кветка
Blume

даліна

Tal

гара

Berg

возера

See

лес

Wald

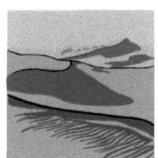

пустыня

Wüste

вулкан

Vulkan

замак

Schloss

вясёлка

Regenbogen

грыб

Pilz

пальма

Palme

камар

Moskito

муха

Fliege

мурашка

Ameise

пчала

Biene

павук

Spinne

жук

Käfer

жаба

Frosch

вавёрка

Eichhörnchen

вожык

Igel

заяц

Hase

сава

Eule

птушка

Vogel

лебедзь

Schwan

дзік

Wildschwein

алень

Hirsch

лось

Elch

плаціна

Staudamm

вятрак

Windrad

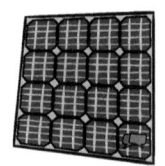

сонечная батарэя

Solarmodul

клімат

Klima

афіцыянт
Kellner

меню
Speisekarte

крэсла
Stuhl

суп
Suppe

піца
Pizza

абрус
Tischdecke

сталовыя прыборы
Besteck

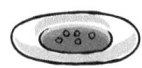

закуска
Vorspeise

другая страва
Hauptgericht

дэсерт
Nachspeise

напоі
Getränke

ежа
Essen

бутэлька
Flasche

хуткае харчаванне (фаст-
фуд)

Fastfood

стрыт-фуд

Streetfood

імбрык (чайнік)

Teekanne

цукарніца

Zuckerdose

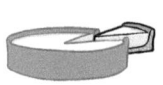

порцыя

Portion

эспрэса-машына

Espressomaschine

дзіцячае крэселка

Hochstuhl

рахунак

Rechnung

паднос

Tablett

нож

Messer

відэлец

Gabel

лыжка

Löffel

чайная лыжка

Teelöffel

сурвэтка

Serviette

шклянка

Glas

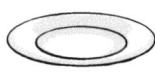

талерка

Teller

супавая талерка

Suppenteller

сподак

Untertasse

соус

Sauce

сальніца

Salzstreuer

млынок для перцу

Pfeffermühle

воцат

Essig

алей

Öl

спецыі

Gewürze

кетчуп

Ketchup

гарчыца

Senf

маянэз

Mayonnaise

супермаркет

Supermarkt

акцыя
Angebot
FOR
пакупнік
Kunde
малочныя прадукты
Milchprodukte
садавіна
Obst
вазок
Einkaufswagen

BUTCHERS

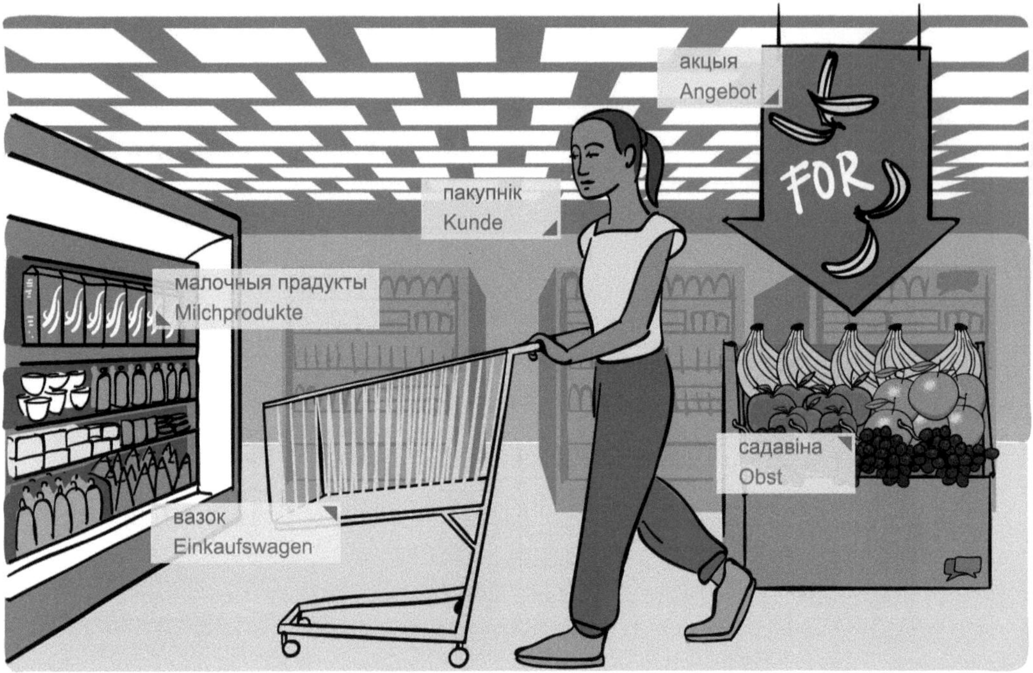

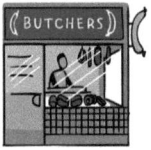

мясная крама

Schlachterei

BAKERY

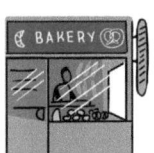

хлебны магазін

Bäckerei

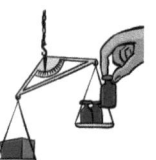

важыць

wiegen

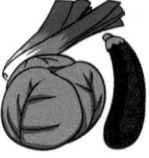

гароднiна

Gemüse

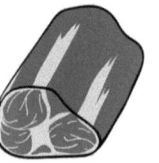

мяса

Fleisch

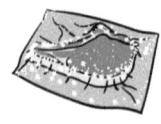

свежазамарожаныя прадукты

Tiefkühlkost

нарэзка

Aufschnitt

кансервы

Konserven

пральны парашок

Waschmittel

прысмакі

Süßigkeiten

хатнія прылады

Haushaltsartikel

чысцячы сродак

Reinigungsmittel

прадавец

Verkäuferin

каса

Kasse

касір

Kassierer

спіс пакупак

Einkaufsliste

гадзіны працы

Öffnungszeiten

бумажнік

Brieftasche

крэдытная картка

Kreditkarte

сумка

Tasche

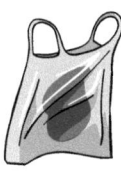

пакет

Plastiktüte

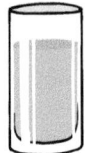

вада

Wasser

сок

Saft

малако

Milch

кола

Cola

віно

Wein

піва

Bier

алкаголь

Alkohol

какава

Kakao

гарбата (чай)

Tee

кава

Kaffee

эспрэса

Espresso

капучына

Cappuccino

банан

Banane

яблык

Apfel

апельсін

Orange

дыня

Melone

лімон

Zitrone

морква

Karotte

часнок

Knoblauch

бамбук

Bambus

цыбуля

Zwiebel

грыб

Pilz

арэхі

Nüsse

локшына

Nudeln

спагеці

Spaghetti

рыс

Reis

салата

Salat

бульба фры

Pommes frites

смажаная бульба

Bratkartoffeln

піца

Pizza

гамбургер

Hamburger

бутэрброд

Sandwich

шніцаль

Schnitzel

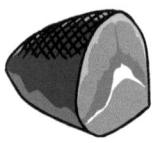

вяндліна

Schinken

салямі

Salami

каўбаса

Wurst

курыца

Huhn

смажаніна

Braten

рыбак

Fisch

аўсяныя камякі

Haferflocken

мюслі

Müsli

кукурузныя шматкі

Cornflakes

мука

Mehl

круасан

Croissant

булачка

Brötchen

хлеб

Brot

тост

Toast

пячэнне

Kekse

масла

Butter

тварог

Quark

пірог

Kuchen

яйка

Ei

яечня

Spiegelei

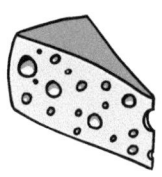

сыр

Käse

марожанае

Eiscreme

цукар

Zucker

мёд

Honig

варэнне

Marmelade

нуга

Nougat-Creme

кары

Curry

сядзіба
Bauernhof

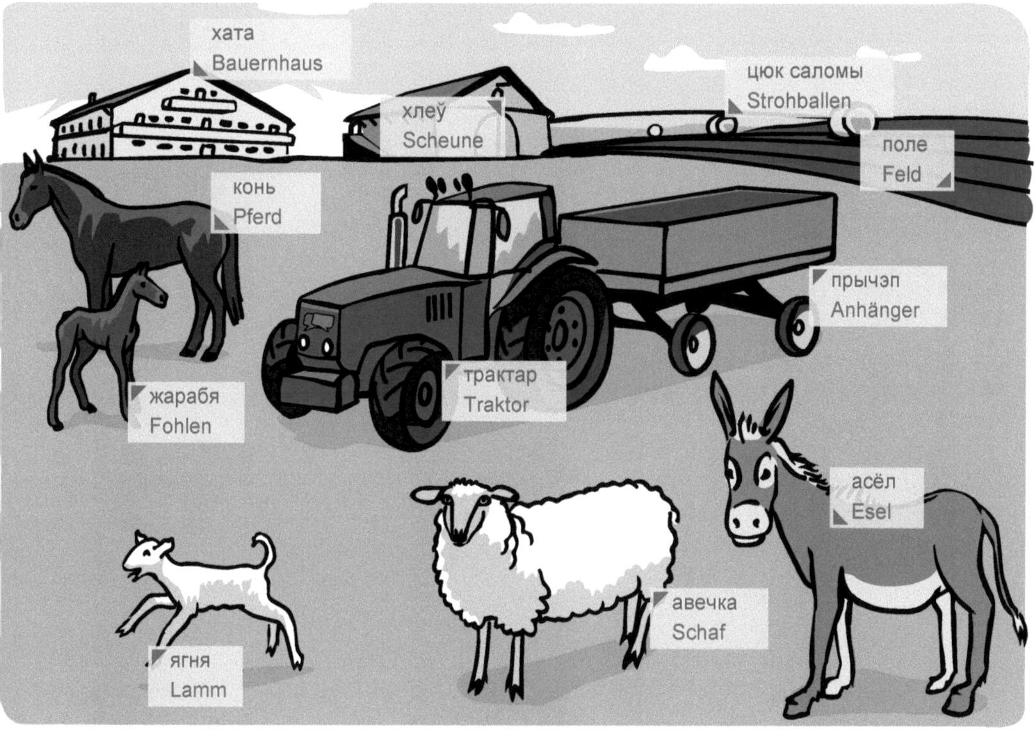
хата
Bauernhaus
хлеў
Scheune
цюк саломы
Strohballen
поле
Feld
конь
Pferd
прычэп
Anhänger
трактар
Traktor
жарабя
Fohlen
асёл
Esel
авечка
Schaf
ягня
Lamm

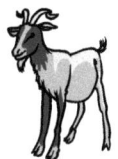

каза

Ziege

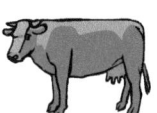

карова

Kuh

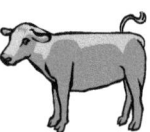

цяля

Kalb

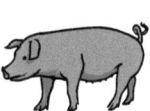

свіння

Schwein

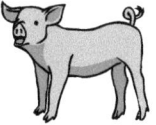

парася

Ferkel

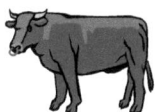

бык

Bulle

гусак

Gans

качка

Ente

кураня

Küken

курыца

Huhn

певень

Hahn

пацук

Ratte

кот

Katze

мыш

Maus

вол

Ochse

сабака

Hund

сабачая будка

Hundehütte

садовы шланг

Gartenschlauch

палівачка

Gießkanne

каса

Sense

плуг

Pflug

сядзіба - Bauernhof

серп

Sichel

матыка

Hacke

вілы для гною

Mistgabel

сякера

Axt

тачка

Schubkarre

карыта

Trog

бітон для малака

Milchkanne

мех

Sack

плот

Zaun

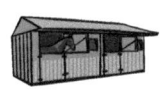

хлеў

Stall

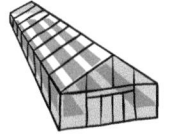

цяпліца

Treibhaus

глеба

Boden

насенне

Saat

угнаенне

Dünger

камбайн

Mähdrescher

збіраць ураджай

ernten

ураджай

Ernte

ямс

Yamswurzel

пшаніца

Weizen

соя

Soja

бульба

Kartoffel

кукуруза

Mais

рапс

Raps

садовае дрэва

Obstbaum

маніёк

Maniok

збожжа

Getreide

дом
Haus

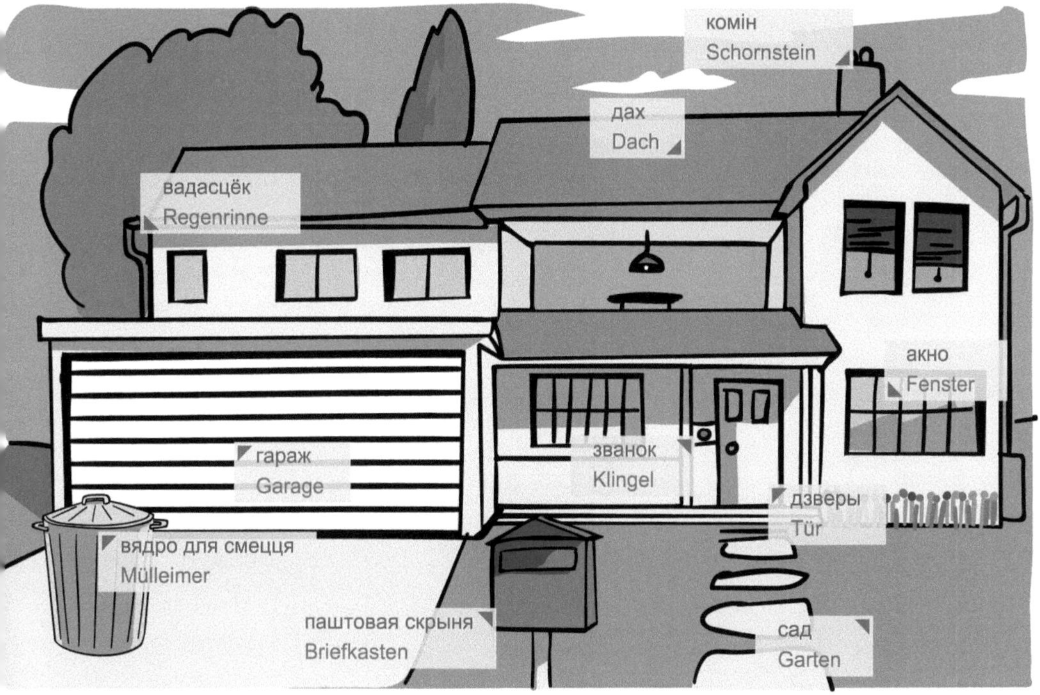
комін
Schornstein
дах
Dach
вадасцёк
Regenrinne
акно
Fenster
гараж
Garage
званок
Klingel
дзверы
Tür
вядро для смецця
Mülleimer
паштовая скрыня
Briefkasten
сад
Garten

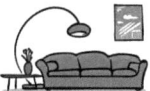

жылы пакой

Wohnzimmer

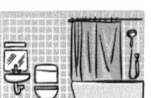

ванная

Badezimmer

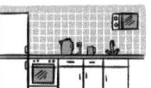

кухня

Küche

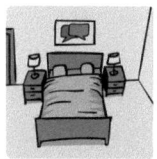

спальны пакой

Schlafzimmer

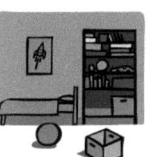

дзіцячы пакой

Kinderzimmer

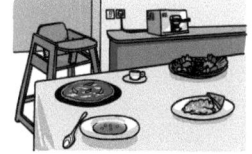

сталоўка

Esszimmer

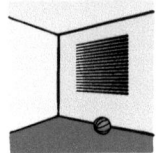

падлога

Boden

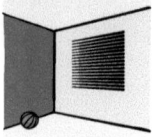

сцяна

Wand

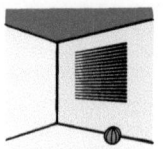

столь

Decke

падвал

Keller

саўна

Sauna

балкон

Balkon

тэраса

Terrasse

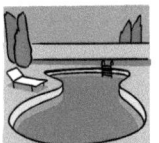

басейн

Schwimmbad

касілка

Rasenmäher

падкоўдранік

Bettbezug

коўдра

Bettdecke

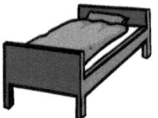

ложак

Bett

венік

Besen

вядро

Eimer

выключальнік

Schalter

жылы пакой

Wohnzimmer

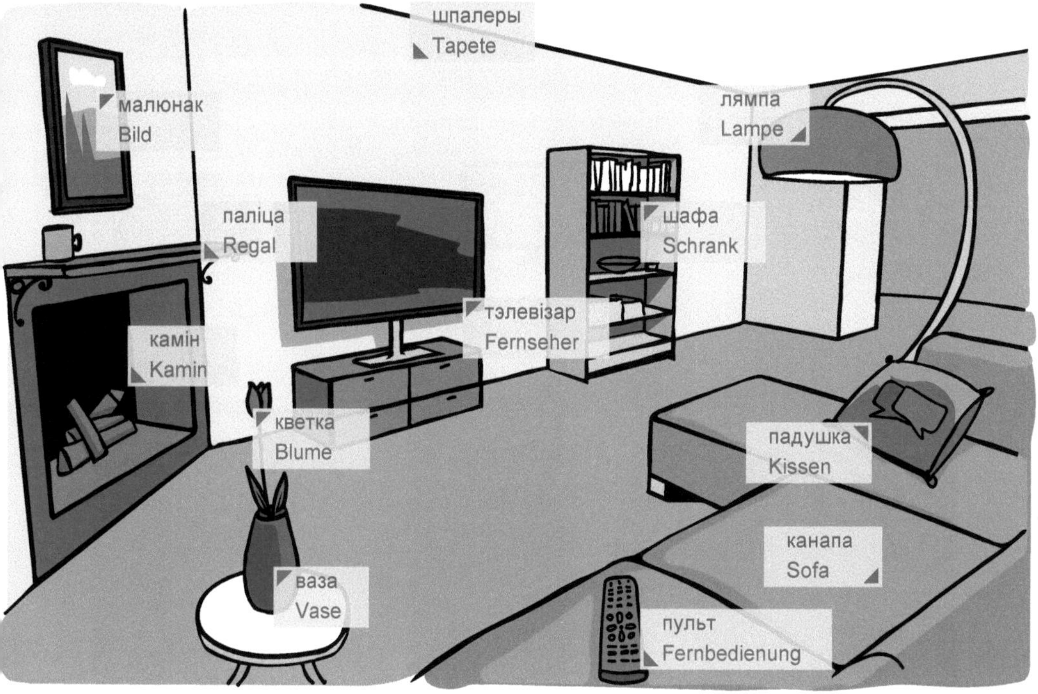

шпалеры
Tapete
малюнак
Bild
лямпа
Lampe
паліца
Regal
шафа
Schrank
тэлевізар
Fernseher
камін
Kamin
кветка
Blume
падушка
Kissen
канапа
Sofa
ваза
Vase
пульт
Fernbedienung

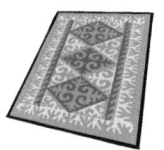

дыван
Teppich

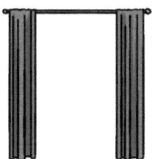

фіранка
Vorhang

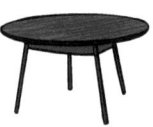

стол
Tisch

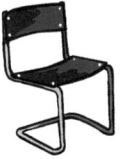

крэсла
Stuhl

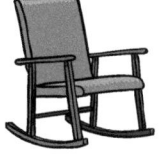

крэсла-качалка
Schaukelstuhl

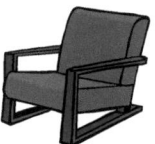

крэсла
Sessel

кніга

Buch

коўдра

Decke

дэкарацыя

Dekoration

дровы

Feuerholz

кіно

Film

стэрэасістэма

Stereoanlage

ключ

Schlüssel

газета

Zeitung

карціна

Gemälde

постар

Poster

радыё

Radio

нататнік

Notizblock

пыласос

Staubsauger

кактус

Kaktus

свечка

Kerze

кухня
Küche

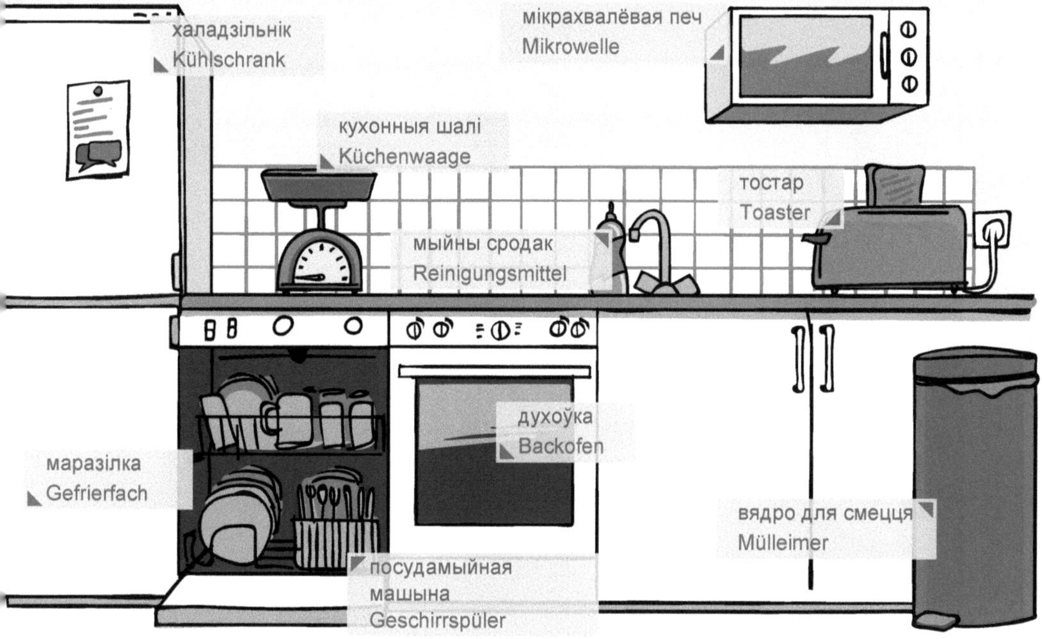
халадзільнік
Kühlschrank
мікрахвалёвая печ
Mikrowelle
кухонныя шалі
Küchenwaage
тостар
Toaster
мыйны сродак
Reinigungsmittel
духоўка
Backofen
маразілка
Gefrierfach
вядро для смецця
Mülleimer
посудамыйная машына
Geschirrspüler

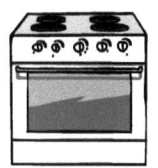

пліта

Herd

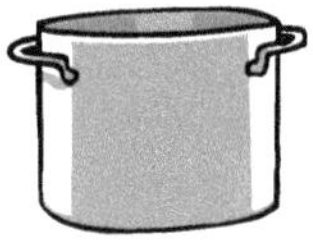

рондаль

Topf

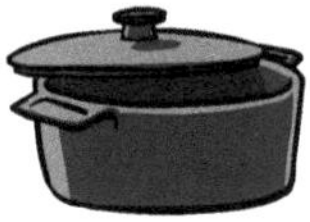

чыгунок

Eisentopf

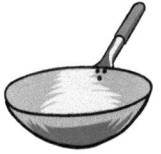

Вок / кадаі

Wok / Kadai

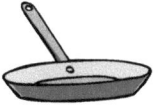

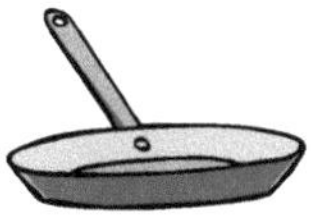

патэльня

Pfanne

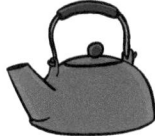

чайнік

Wasserkocher

параварка

Dampfgarer

бляха

Backblech

посуд

Geschirr

кубак

Becher

міска

Schale

палачкі для ежы

Essstäbchen

чарпак

Suppenkelle

лапатачка

Pfannenwender

збівалка

Schneebesen

сіта для варэння

Kochsieb

сіта

Sieb

тарка

Reibe

ступка

Mörser

грыль

Grill

вогнішча

Feuerstelle

дошка

Schneidebrett

качалка

Nudelholz

штопар

Korkenzieher

бляшанка

Dose

адкрывалка

Dosenöffner

прыхваткі

Topflappen

ракавіна

Waschbecken

шчотка

Bürste

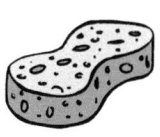

губка

Schwamm

міксер

Mixer

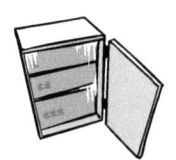

маразільная камера

Gefriertruhe

бутэлечка

Babyflasche

вадаправодны кран

Wasserhahn

ванная

Badezimmer

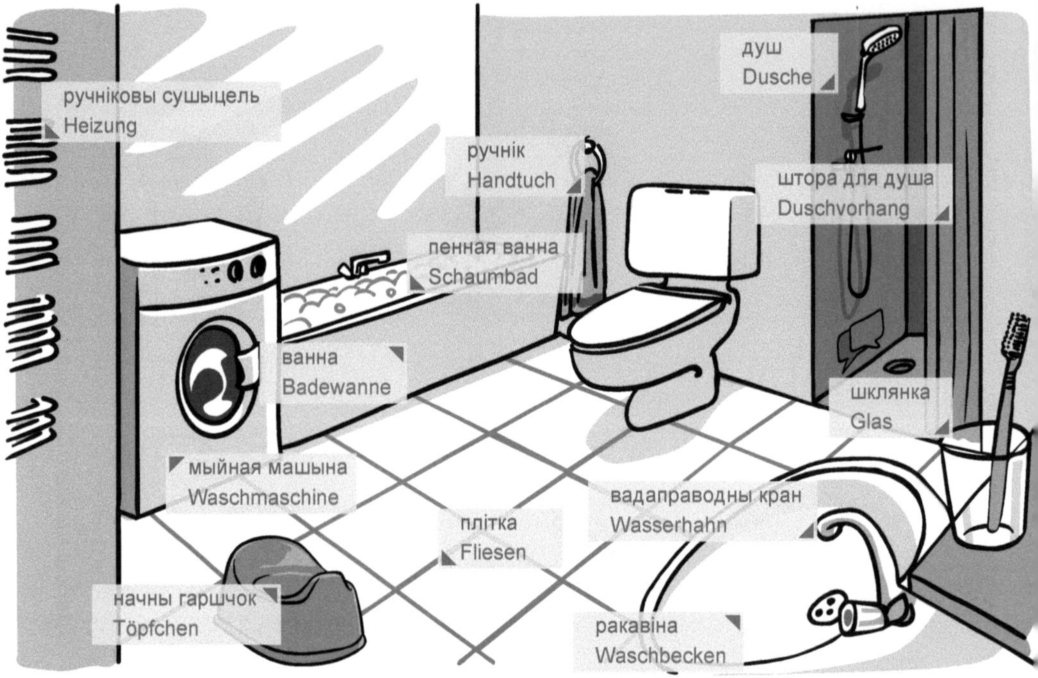

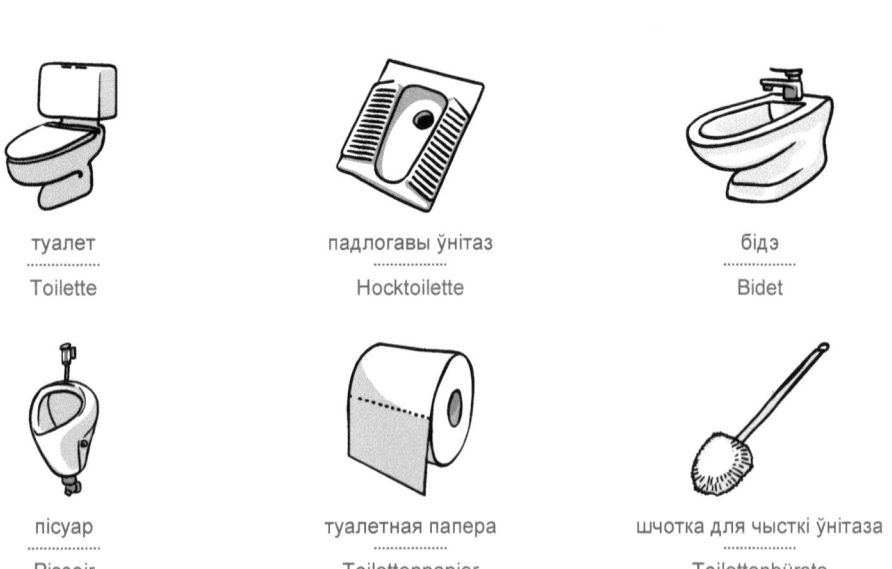

ручніковы сушыцель
Heizung
душ
Dusche
ручнік
Handtuch
штора для душа
Duschvorhang
пенная ванна
Schaumbad
ванна
Badewanne
шклянка
Glas
мыйная машына
Waschmaschine
вадаправодны кран
Wasserhahn
плітка
Fliesen
начны гаршчок
Töpfchen
ракавіна
Waschbecken

туалет

Toilette

падлогавы ўнітаз

Hocktoilette

бідэ

Bidet

пісуар

Pissoir

туалетная папера

Toilettenpapier

шчотка для чысткі ўнітаза

Toilettenbürste

зубная шчотка

Zahnbürste

зубная паста

Zahnpasta

зубная нітка

Zahnseide

мыць

waschen

ручны душ

Handbrause

інтымны душ

Intimdusche

умывальнік

Waschschüssel

шчотка для спіны

Rückenbürste

мыла

Seife

гель для душа

Duschgel

шампунь

Shampoo

вяхотка

Waschlappen

вадасцёк

Abfluss

крэм

Creme

дэзадарант

Deodorant

люстэрка

Spiegel

касметычнае люстэрка

Kosmetikspiegel

станок для галення

Rasierer

пена для галення

Rasierschaum

ласьён пасля галення

Rasierwasser

грэбень

Kamm

шчотка

Bürste

фен

Föhn

лак для валасоў

Haarspray

касметыка

Makeup

памада

Lippenstift

лак для пазногцяў

Nagellack

вата

Watte

манікюрныя нажніцы

Nagelschere

духі

Parfum

касметычка

Kulturbeutel

табурэтка

Hocker

вагі

Waage

лазневы халат

Bademantel

санітарныя пальчаткі

Gummihandschuhe

тампон

Tampon

гігіенічныя пракладкі

Damenbinde

біятуалет

Chemietoilette

дзіцячы пакой

Kinderzimmer

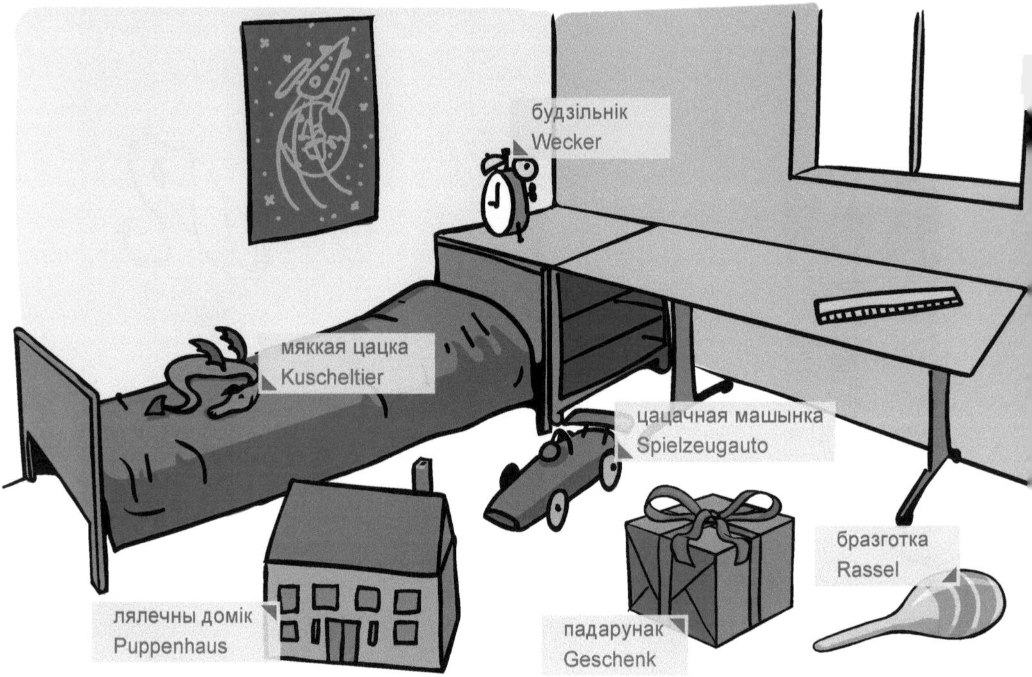
будзільнік
Wecker
мяккая цацка
Kuscheltier
цацачная машынка
Spielzeugauto
бразготка
Rassel
лялечны домік
Puppenhaus
падарунак
Geschenk

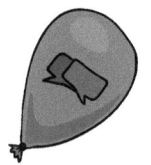

надзіманы шарык

Ballon

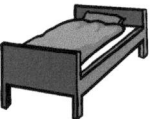

ложак

Bett

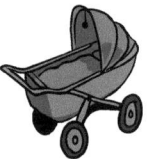

дзіцячая каляска

Kinderwagen

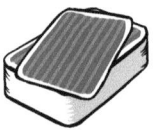

калода картаў

Kartenspiel

пазл

Puzzle

SUPER
MEGA

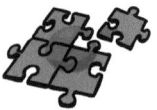

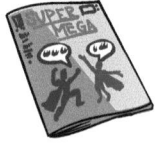

комікс

Comic

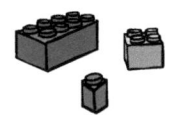

канструктар "Лега"

Legosteine

канструктар

Bausteine

экшэн-фігурка

Action Figur

дзіцячы гарнітур

Strampelanzug

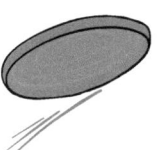

фрызбі

Frisbee

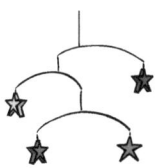

дзіцячы мабіль

Mobile

настольная гульня

Brettspiel

кубік

Würfel

дзіцячая чыгунка

Modelleisenbahn

пустышка

Schnuller

дзіцячае свята

Party

кніга з малюнкамі

Bilderbuch

мячык

Ball

лялька

Puppe

гуляцца

spielen

пясочніца

Sandkasten

арэлі

Schaukel

цацкі

Spielzeug

гульнявая відэа прыстаўка

Spielkonsole

трохколавы ровар

Dreirad

плюшавы мішка

Teddy

шафа

Kleiderschrank

адзенне

Kleidung

шкарпэткі

Socken

панчохі

Strümpfe

калготкі

Strumpfhose

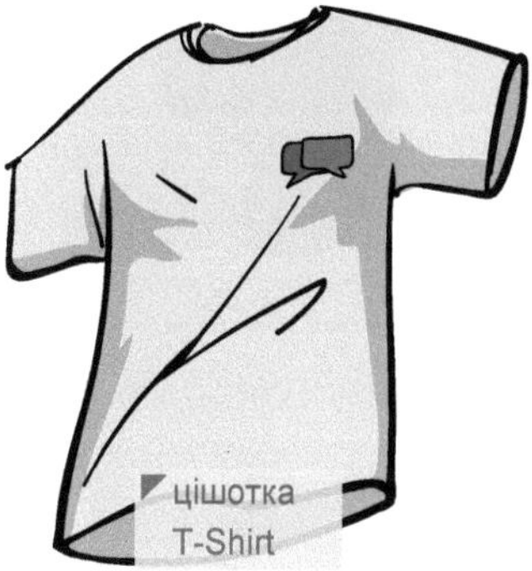

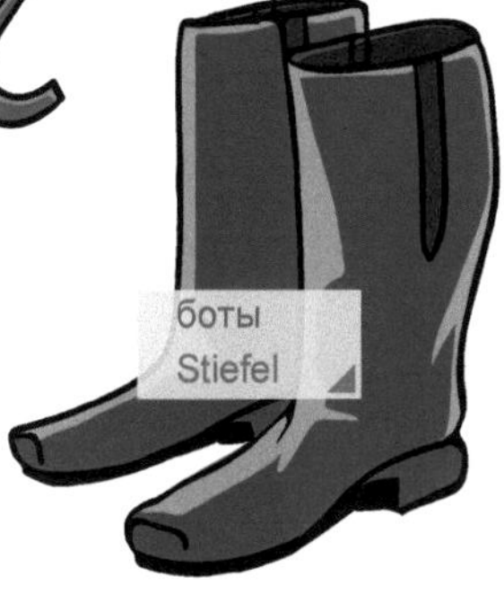

шалік
Schal

рамень
Gürtel

парасон
Regenschirm

цішотка
T-Shirt

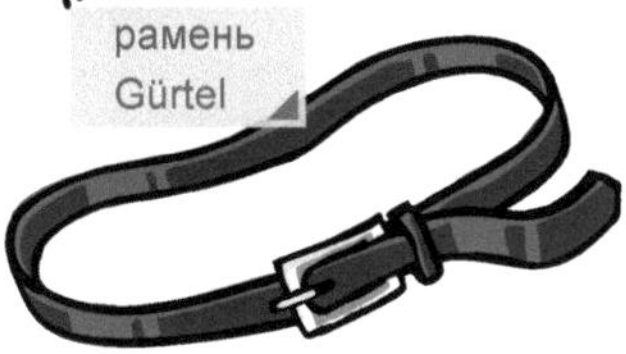

красоўкі
Turnschuhe

боты
Stiefel

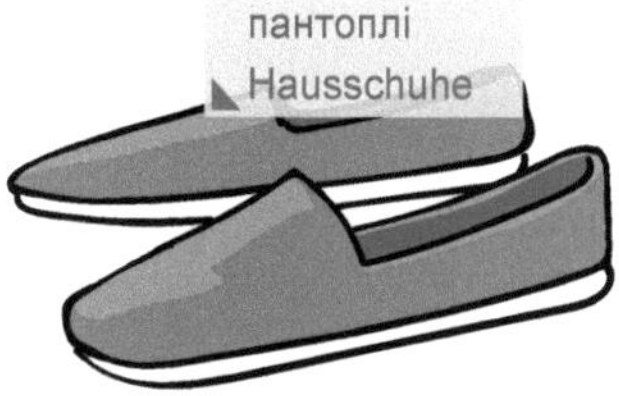

пантоплі
Hausschuhe

сандалі

Sandalen

абутак

Schuhe

гумовыя боты

Gummistiefel

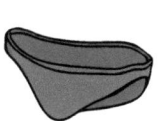

трусы

Unterhose

бюстгальтар

Büstenhalter

майка

Unterhemd

бодзі

Body

штаны

Hose

джынсы

Jeans

спадніца

Rock

блузка

Bluse

кашуля

Hemd

джэмпер

Pullover

талстоўка

Kapuzenpullover

блэйзер

Blazer

куртка

Jacke

паліто

Mantel

дажджавік

Regenmantel

касцюм

Kostüm

сукенка

Kleid

вясельная сукенка

Hochzeitskleid

касцюм

Anzug

начная сарочка

Nachthemd

піжама

Schlafanzug

сары

Sari

хустка

Kopftuch

цюрбан

Turban

паранджа

Burka

каптан

Kaftan

Абая

Abaya

купальнік

Badeanzug

плаўкі

Badehose

шорты

Kurze Hose

спартыўны касцюм

Trainingsanzug

фартух

Schürze

пальчаткі

Handschuhe

гузік

Knopf

акуляры

Brille

бранзалет

Armband

каралі

Halskette

кальцо

Ring

завушніца

Ohrring

кепка

Mütze

вешалка

Kleiderbügel

капялюш

Hut

гальштук

Krawatte

маланка

Reißverschluss

шлем

Helm

падцяжкі

Hosenträger

школьная форма

Schuluniform

уніформа

Uniform

нагруднік
Lätzchen

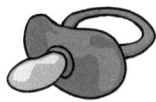

пустышка
Schnuller

падгузнік
Windel

офіс
Büro

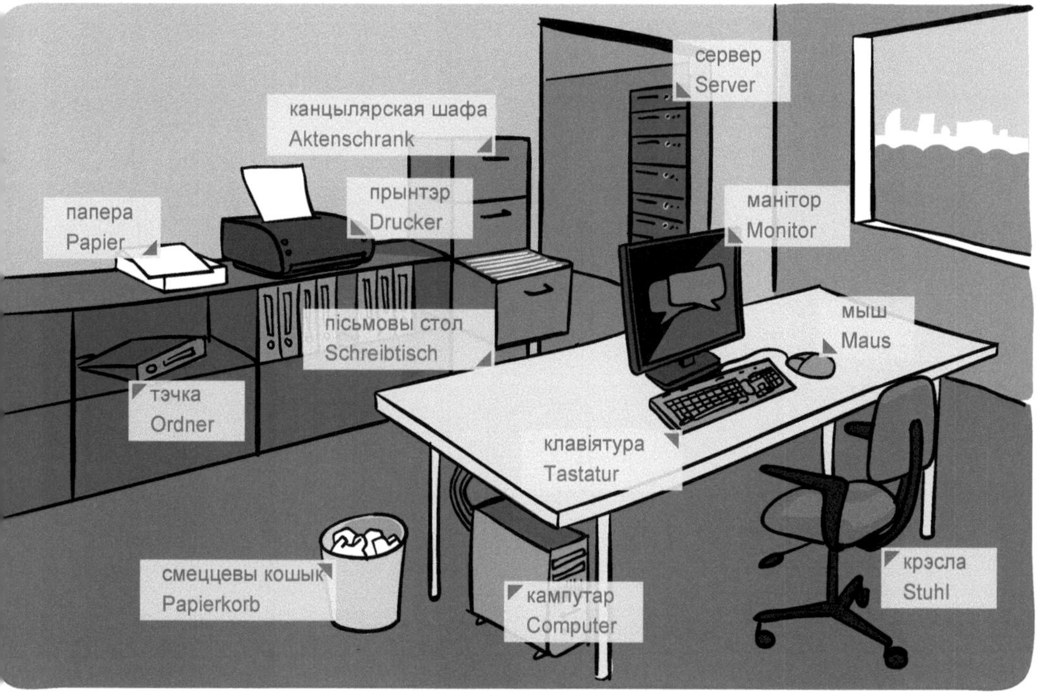

канцылярская шафа
Aktenschrank

сервер
Server

прынтэр
Drucker

манітор
Monitor

папера
Papier

мыш
Maus

пісьмовы стол
Schreibtisch

тэчка
Ordner

клавіятура
Tastatur

смеццевы кошык
Papierkorb

крэсла
Stuhl

кампутар
Computer

кубак для кавы (філіжанка)

Kaffeebecher

калькулятар

Taschenrechner

інтэрнэт

Internet

ноўтбук

Laptop

ліст

Brief

паведамленне

Nachricht

мабільны тэлефон

Handy

сетка

Netzwerk

ксеракс

Kopierer

праграмнае забеспячэнне

Software

тэлефон

Telefon

разетка

Steckdose

факс

Fax

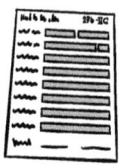

фармуляр

Formular

дакумент

Dokument

купляць

kaufen

плаціць

bezahlen

гандляваць

handeln

грошы

Geld

долар

Dollar

еўра

Euro

ена

Yen

рубель

Rubel

франк

Franken

кітайскі юань

Renminbi Yuan

рупія

Rupie

банкамат

Geldautomat

абменны пункт

Wechselstube

золата

Gold

срэбра

Silber

нафта

Öl

энергія

Energie

цана

Preis

кантракт

Vertrag

падатак

Steuer

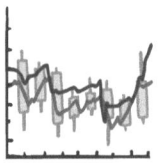

акцыя

Aktie

працаваць

arbeiten

служачы

Angestellter

працадаўца

Arbeitgeber

фабрыка

Fabrik

крама

Geschäft

прафесіі
Berufe

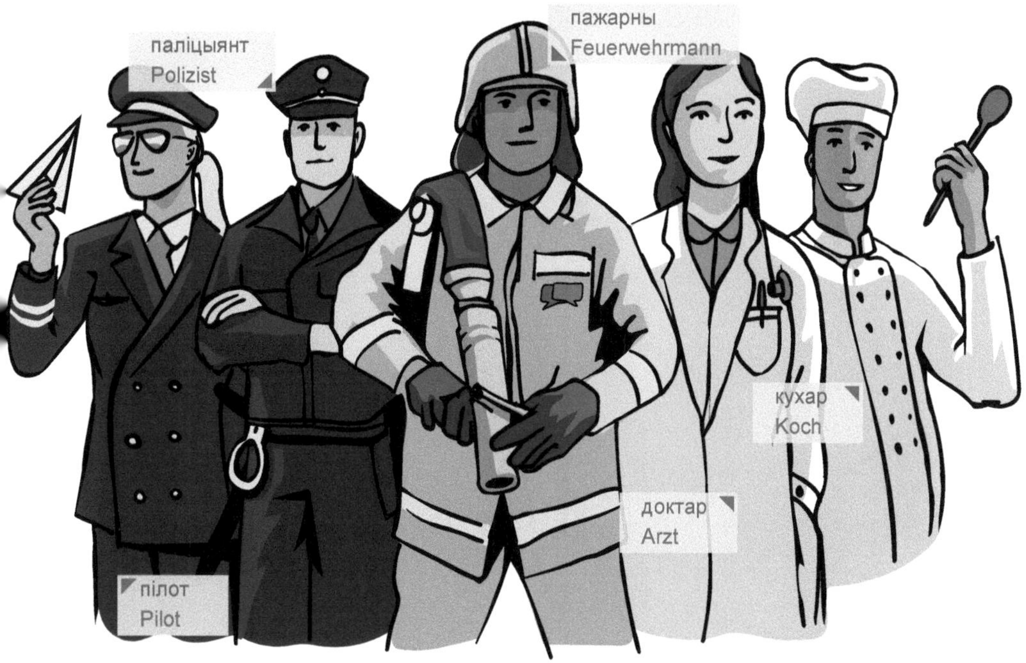
паліцыянт
Polizist
пажарны
Feuerwehrmann
кухар
Koch
доктар
Arzt
пілот
Pilot

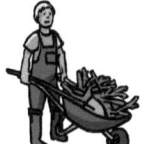

садоўнік

Gärtner

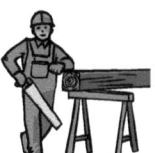

слесар

Tischler

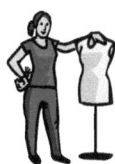

швачка

Näherin

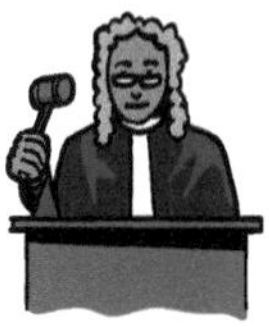

суддзя

Richter

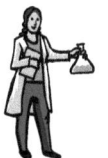

хімік

Chemiker

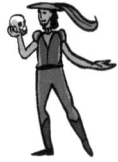

артыст

Schauspieler

кіроўца аўтобуса

Busfahrer

таксіст

Taxifahrer

рыбак

Fischer

прыбіральшчыца

Putzfrau

страхар

Dachdecker

афіцыянт

Kellner

паляўнічы

Jäger

мастак

Maler

пекар

Bäcker

электрык

Elektriker

будаўнік

Bauarbeiter

інжынер

Ingenieur

мяснік

Schlachter

сантэхнік

Klempner

паштальён

Postbote

салдат

Soldat

архітэктар

Architekt

касір

Kassierer

фларыст

Florist

цырульнік

Friseur

кандуктар

Schaffner

механік

Mechaniker

капітан

Kapitän

стаматолаг

Zahnarzt

вучоны

Wissenschaftler

рабін

Rabbi

імам

Imam

манах

Mönch

святар

Geistlicher

інструменты

Werkzeuge

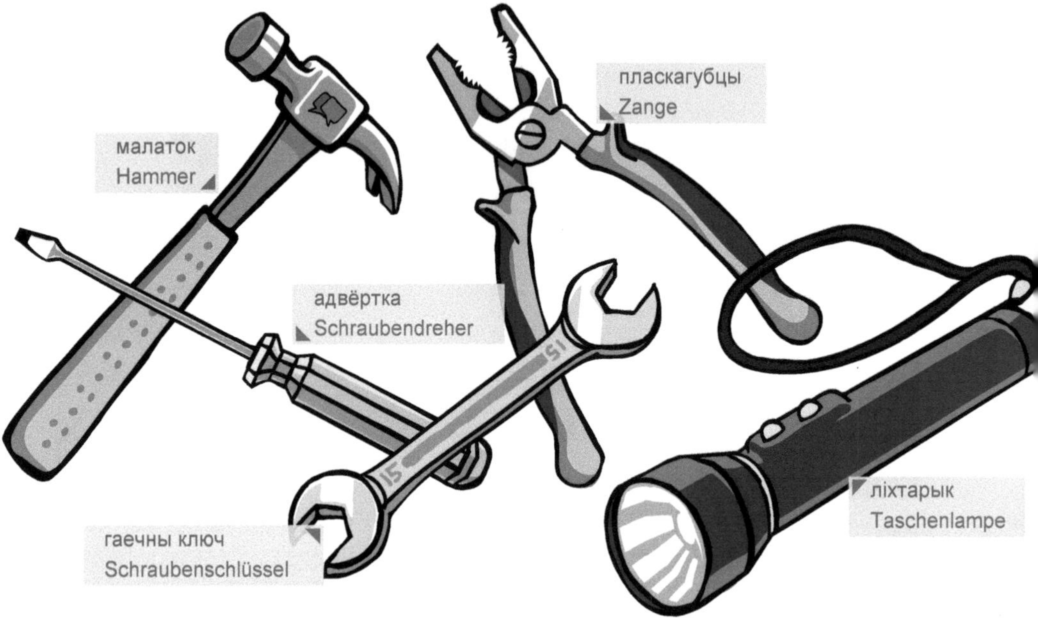

пласкагубцы
Zange
малаток
Hammer
адвёртка
Schraubendreher
ліхтарык
Taschenlampe
гаечны ключ
Schraubenschlüssel

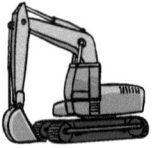

экскаватар

Bagger

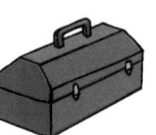

скрыня для інструментаў

Werkzeugkasten

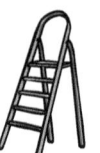

дравіны

Leiter

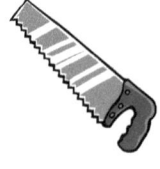

піла

Säge

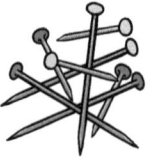

цвікі

Nägel

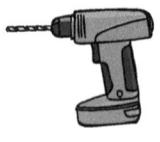

дрыль

Bohrer

рамантаваць

reparieren

рыдлеўка

Schaufel

Халера!

Mist!

шуфлік для смецця

Kehrblech

вядро з фарбаю

Farbtopf

балты

Schrauben

музычныя інструменты
Musikinstrumente

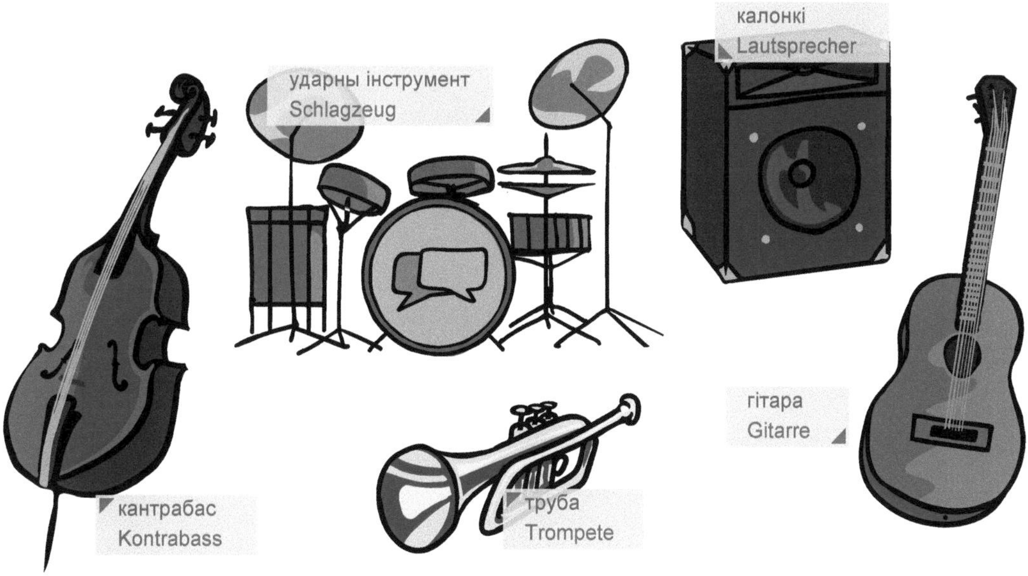

калонкі
Lautsprecher

ударны інструмент
Schlagzeug

гітара
Gitarre

кантрабас
Kontrabass

труба
Trompete

піянína
Klavier

скрыпка
Violine

басгітара
Bass

літаўры
Pauke

барабан
Trommeln

клавішны электрамузычны
інструмент
Keyboard

саксафон
Saxophon

флейта
Flöte

мікрафон
Mikrofon

заапарк
Zoo

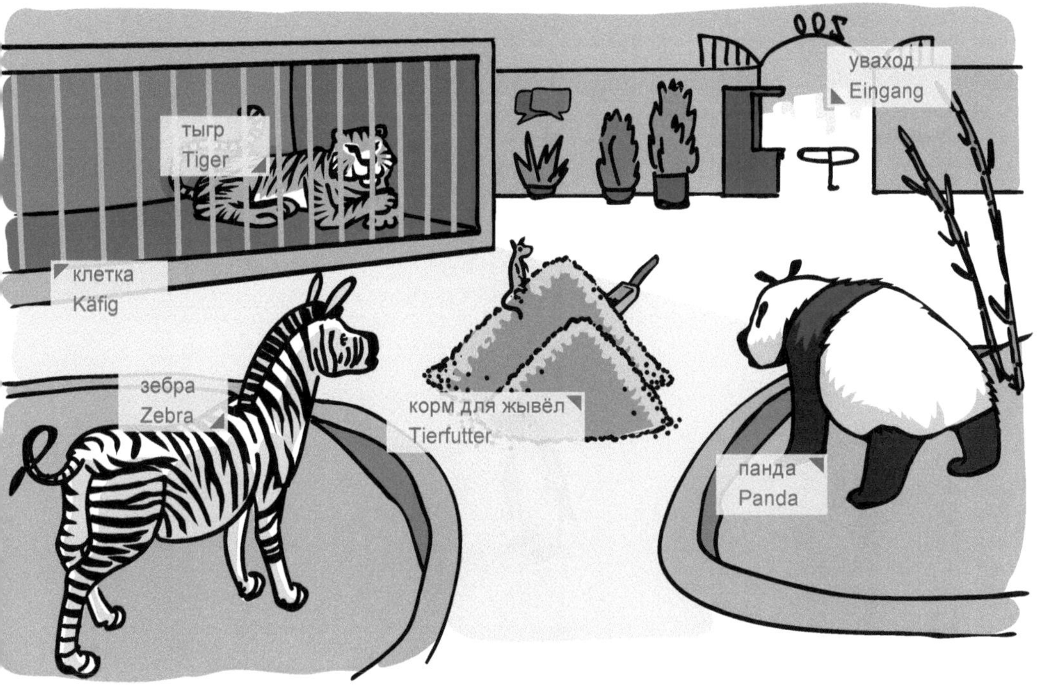

тыгр
Tiger
уваход
Eingang
клетка
Käfig
зебра
Zebra
корм для жывёл
Tierfutter
панда
Panda

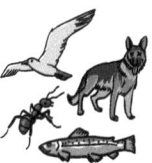

жывёлы

Tiere

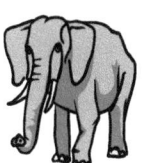

слон

Elefant

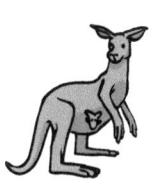

кенгуру

Känguru

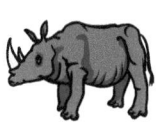

насарог

Nashorn

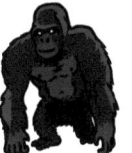

гарыла

Gorilla

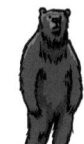

мядзведзь

Bär

вярблюд

Kamel

стравус

Strauß

леў

Löwe

малпа

Affe

фламінга

Flamingo

папугай

Papagei

белы мядзведзь

Eisbär

пінгвін

Pinguin

акула

Hai

паўлін

Pfau

змяя

Schlange

кракадзіл

Krokodil

наглядчык заапарка

Zoowärter

цюлень

Robbe

ягуар

Jaguar

поні

Pony

леапард

Leopard

бегемот

Nilpferd

жыраф

Giraffe

арол

Adler

дзік

Wildschwein

рыбак

Fisch

чарапаха

Schildkröte

морж

Walross

ліса

Fuchs

газель

Gazelle

амерыканскі футбол
American Football

веласпорт
Radfahren

тэніс
Tennis

баскетбол
Basketball

плаванне
Schwimmen

бокс
Boxen

хакей з шайбай
Eishockey

футбол
Fußball

бадмінтон
Badminton

лёгкая атлетыка
Leichtathletik

гандбол
Handball

горныя лыжы
Skilaufen

пола
Polo

дзейнасць
Aktivitäten

скакаць
springen
абдымаць
umarmen
смяяцца
lachen
ісці
gehen
спяваць
singen
марыць
träumen
маліцца
beten
цалаваць
küssen

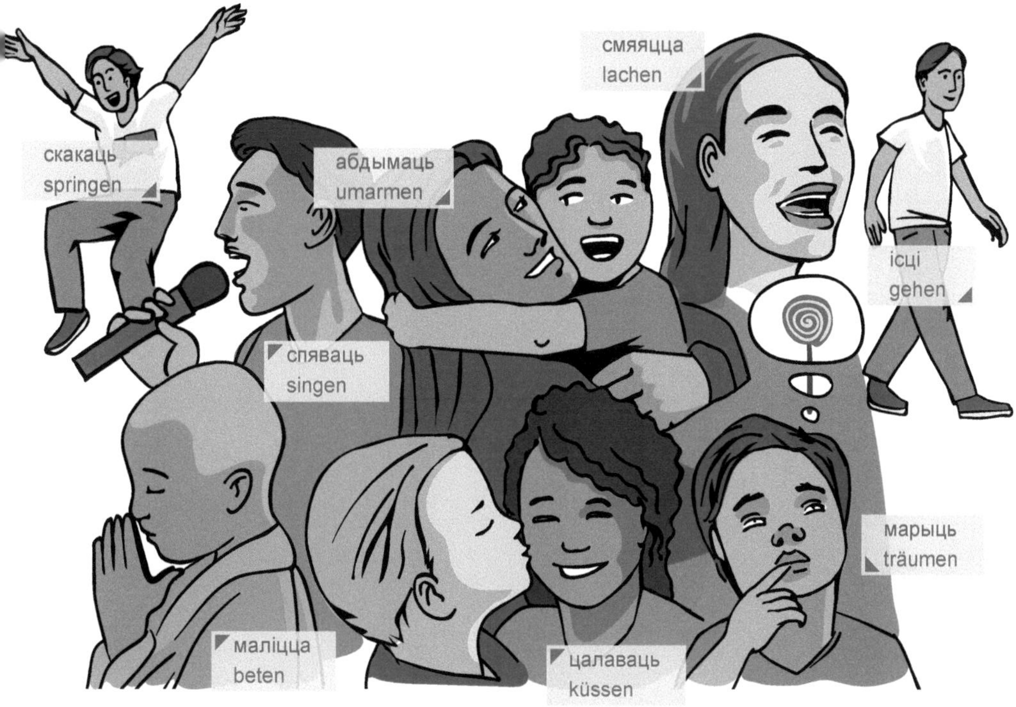

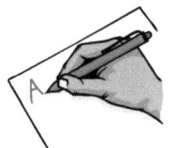

пісаць

schreiben

маляваць

zeichnen

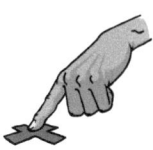

паказваць

zeigen

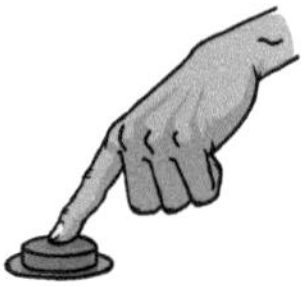

націснуць

drücken

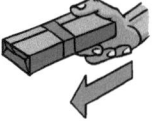

даваць

geben

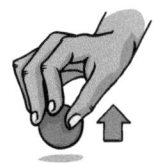

браць

nehmen

маць

haben

выконваць

tun

быць

sein

стаяць

stehen

бегчы

laufen

цягнуць

ziehen

кідаць

werfen

падаць

fallen

ляжаць

liegen

чакаць

warten

насіць

tragen

сядзець

sitzen

апранацца

anziehen

спаць

schlafen

прачынацца

aufwachen

глядзець

ansehen

плакаць

weinen

лашчыць

streicheln

прычэсвацца

kämmen

гаварыць

reden

разумець

verstehen

пытаць

fragen

чуць

hören

піць

trinken

есці

essen

прыбіраць

aufräumen

кахаць

lieben

гатаваць

kochen

ехаць

fahren

лятаць

fliegen

плаваць пад ветразем

segeln

лічыць

rechnen

чытаць

lesen

вучыць

lernen

працаваць

arbeiten

уступаць у шлюб

heiraten

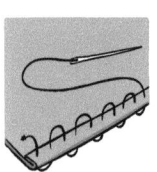

шыць

nähen

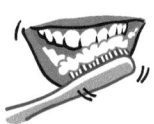

чысціць зубы

Zähne putzen

забіваць

töten

курыць

rauchen

пасылаць

senden

бабуля
Großmutter

дзядуля
Großvater

бацька
Vater

маці
Mutter

дзіця
Baby

дачка
Tochter

сын
Sohn

госць

Gast

цётка

Tante

дзядзька

Onkel

брат

Bruder

сястра

Schwester

цела

Körper

лоб
Stirn
вока
Auge
плячо
Schulter
палец
Finger
твар
Gesicht
падбародак
Kinn
рука
Hand
грудзі
Brust
нага
Bein
рука
Arm

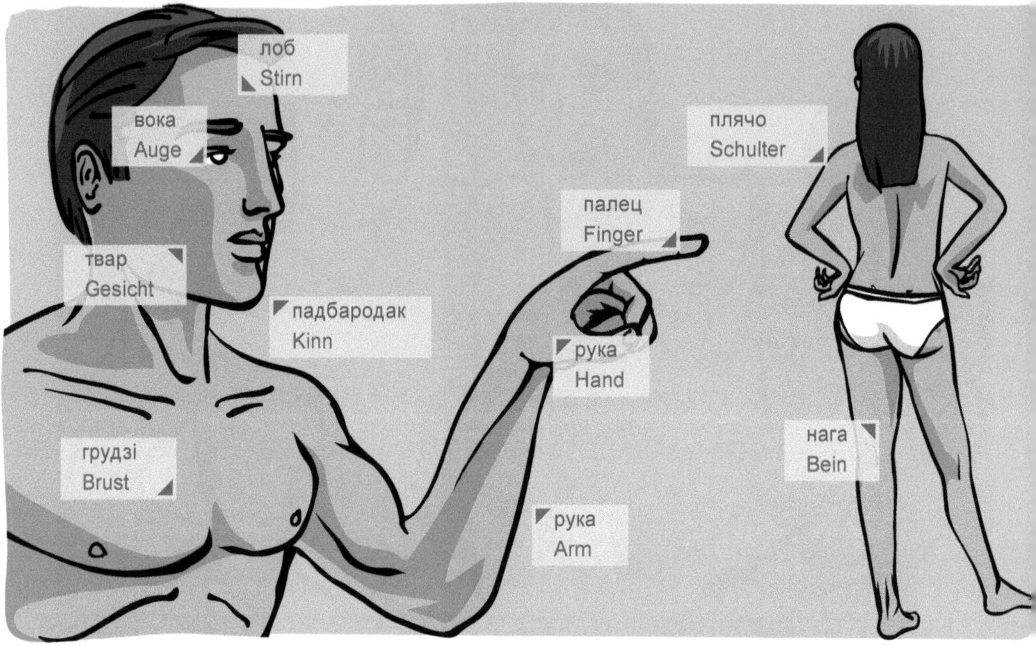

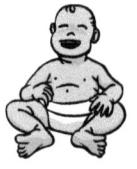

дзіця

Baby

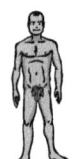

мужчына

Mann

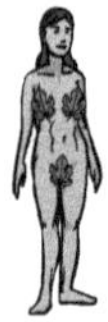

жанчына

Frau

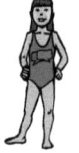

дзяўчынка

Mädchen

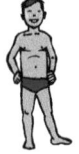

хлопчык

Junge

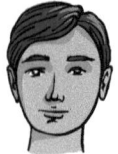

галава

Kopf

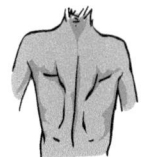

спіна

Rücken

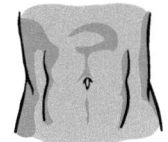

жывот

Bauch

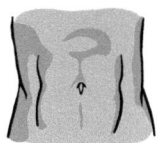

пуп

Nabel

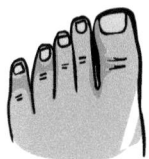

палец нагі

Zeh

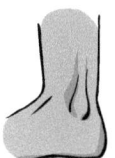

пятка

Ferse

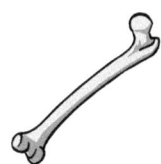

костка

Knochen

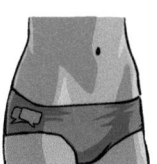

бядро

Hüfte

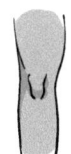

калена

Knie

локаць

Ellenbogen

нос

Nase

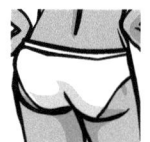

ягадзіца

Gesäß

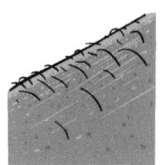

скура

Haut

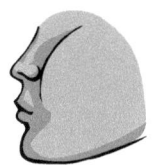

шчака

Wange

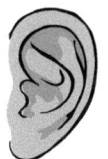

вуха

Ohr

губа

Lippe

рот

Mund

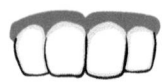

зуб

Zahn

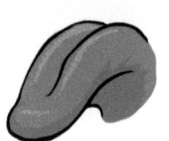

язык

Zunge

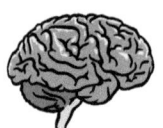

галаўны мозг

Gehirn

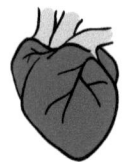

сэрца

Herz

мышца

Muskel

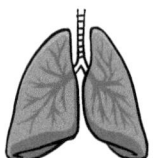

лёгкае

Lunge

пячонка

Leber

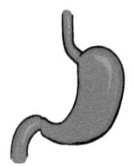

страўнік

Magen

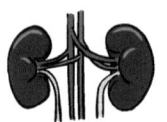

ныркі

Nieren

сэкс

Geschlechtsverkehr

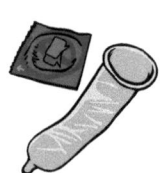

прэзерватыў

Kondom

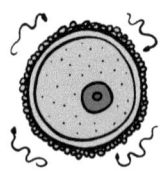

яйцаклетка

Eizelle

сперма

Sperma

цяжарнасць

Schwangerschaft

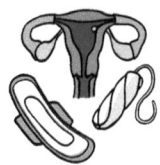

менструацыя

Menstruation

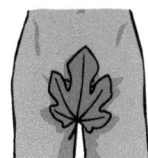

похва

Vagina

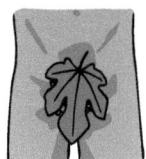

пеніс

Penis

брыво

Augenbraue

валасы

Haar

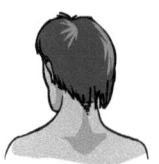

шыя

Hals

шпіталь

Krankenhaus

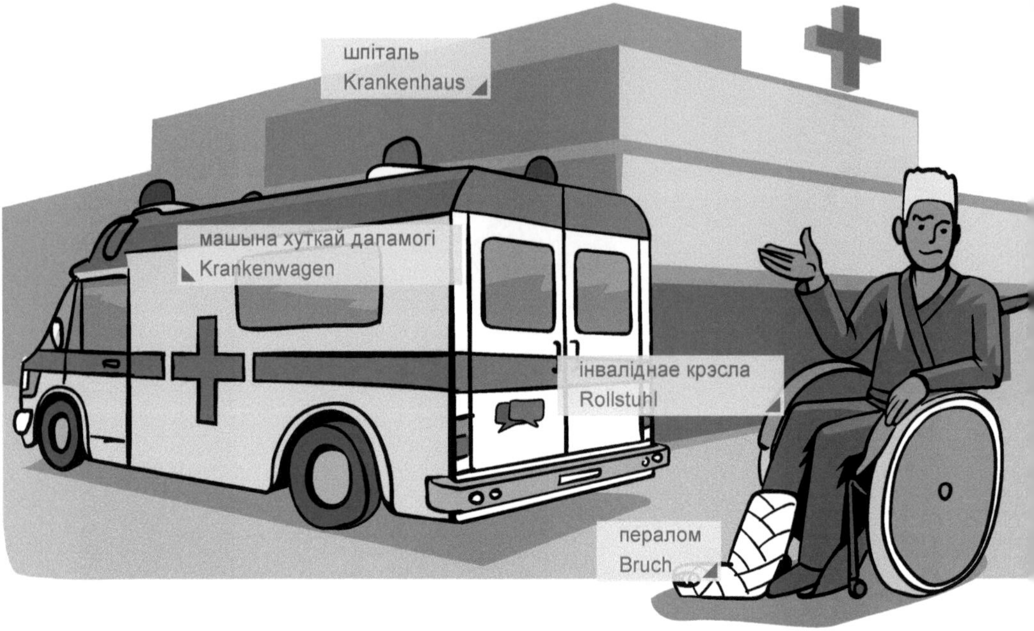

шпіталь
Krankenhaus
машына хуткай дапамогі
Krankenwagen
інваліднае крэсла
Rollstuhl
пералом
Bruch

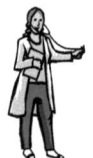

доктар

Arzt

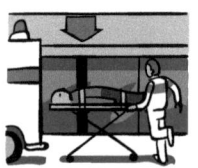

аддзяленне першай дапамогі

Notaufnahme

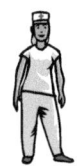

медсястра

Krankenschwester

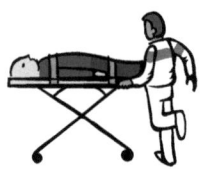

экстраная дапамога

Notfall

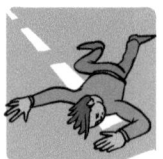

непрытомны

ohnmächtig

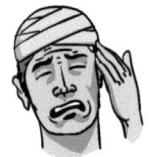

боль

Schmerz

траўма

Verletzung

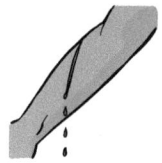

крывацёк

Blutung

інфаркт

Herzinfarkt

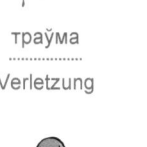

апаплексія

Schlaganfall

алергія

Allergie

кашаль

Husten

гарачка

Fieber

грып

Grippe

панос

Durchfall

галаўны боль

Kopfschmerzen

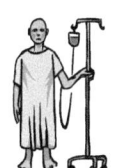

рак

Krebs

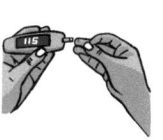

дыябет

Diabetis

хірург

Chirurg

скальпель

Skalpell

аперацыя

Operation

КТ
CT

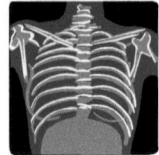

рэнтген
Röntgen

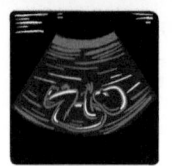

ультрагук
Ultraschall

маска
Maske

хвароба
Krankheit

пачакальня
Wartezimmer

мыліца
Krücke

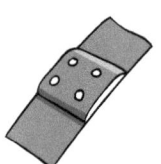

пластыр
Pflaster

бінт
Verband

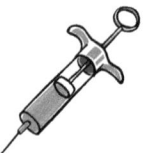

ін'екцыя
Injektion

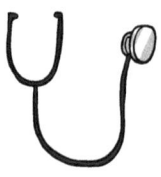

стэтаскоп
Stethoskop

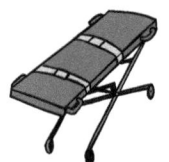

насілкі
Trage

градуснік
Thermometer

нараджэнне
Geburt

лішняя вага
Übergewicht

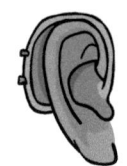

слухавы апарат

Hörgerät

дэзінфекцыйны сродак

Desinfektionsmittel

інфекцыя

Infektion

вірус

Virus

ВІЧ/СНІД

HIV / AIDS

лекі

Medizin

прышчэпка

Impfung

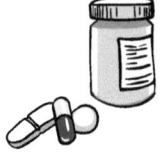

таблеткі

Tabletten

супрацьзачаткавая
таблетка

Pille

экстраны выклік

Notruf

танометр

Blutdruck-Messgerät

хворы / здаровы

krank / gesund

Ратуйце!

Hilfe!

сігналізацыя

Alarm

напад

Überfall

атака

Angriff

небяспека

Gefahr

аварыйны выхад

Notausgang

Пажар!

Feuer!

вогнетушыцель

Feuerlöscher

аварыя

Unfall

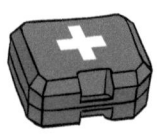

аптэчка

Erste-Hilfe-Koffer

СОС

SOS

паліцыя

Polizei

Еўропа

Europa

Паўночная Амерыка

Nordamerika

Паўднёвая Амерыка

Südamerika

Афрыка

Afrika

Азія

Asien

Аўстралія

Australien

Атлантычны акіян

Atlantik

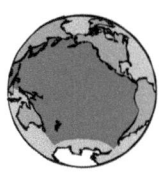

Ціхі акіян

Pazifik

Індыйскі акіян

Indischer Ozean

Паўднёвы ледавіты акіян

Antarktischer Ozean

Паўночны ледавіты акіян

Arktischer Ozean

Паўночны полюс

Nordpol

Паўднёвы полюс

Südpol

Антарктыда

Antarktis

Зямля

Erde

краіна

Land

мора

Meer

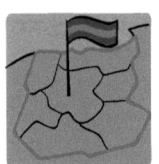

востраў

Insel

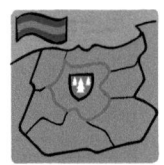

нацыя

Nation

дзяржава

Staat

цыферблат

Zifferblatt

гадзінная стрэлка

Stundenzeiger

хвілінная стрэлка

Minutenzeiger

секундная стрэлка

Sekundenzeiger

Колькі часу?

Wie spät ist es?

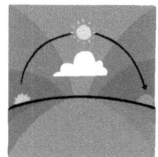

дзень

Tag

час

Zeit

зараз

jetzt

электронны гадзіннік

Digitaluhr

хвіліна

Minute

гадзіна

Stunde

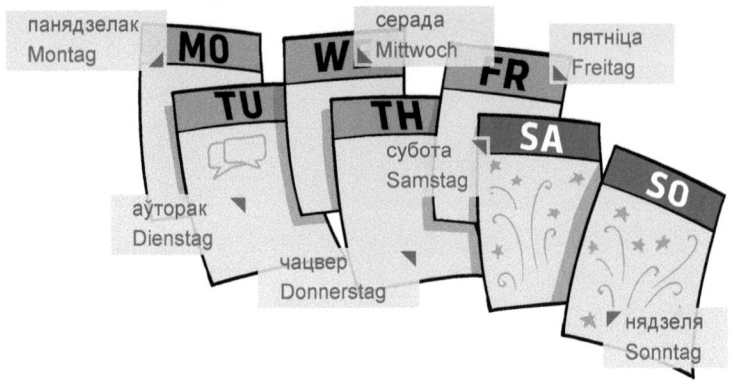

панядзелак
Montag

серада
Mittwoch

пятніца
Freitag

аўторак
Dienstag

субота
Samstag

чацвер
Donnerstag

нядзеля
Sonntag

ўчора

gestern

сёння

heute

заўтра

morgen

раніца

Morgen

абед

Mittag

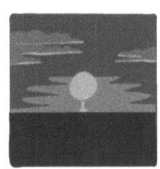

вечар

Abend

MO	TU	WE	TH	FR	SA	SU
1	2	3	4	5	6	7
8	9	10	11	12	13	14
15	16	17	18	19	20	21
22	23	24	25	26	27	28
29	30	31	1	2	3	4

працоўныя дні

Arbeitstage

MO	TU	WE	TH	FR	SA	SU
1	2	3	4	5	6	7
8	9	10	11	12	13	14
15	16	17	18	19	20	21
22	23	24	25	26	27	28
29	30	31	1	2	3	4

выхадныя

Wochenende

год

Jahr

дождж
Regen
вясёлка
Regenbogen
вецер
Wind
снег
Schnee
вясна
Frühling
восень
Herbst
лета
Sommer
зіма
Winter

4.APRIL 11°
5.APRIL 4°
6.APRIL 13°
7.APRIL 8°
8.APRIL 10°

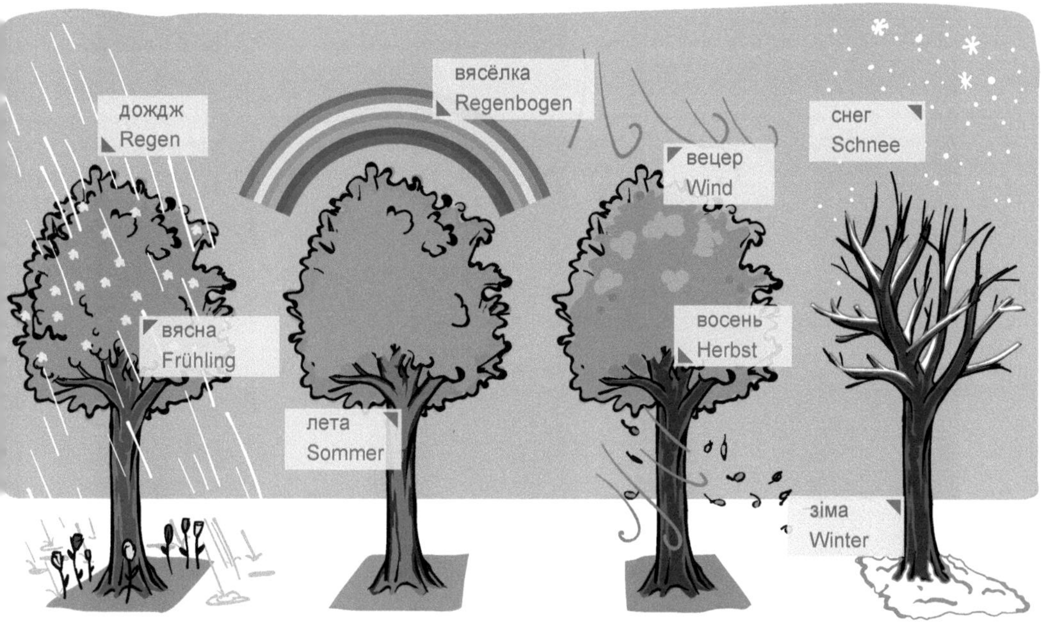

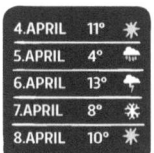

прагноз надвор'я

Wettervorhersage

F C
120 90 60 30 0 -30
40 30 20 10 0 -10 -20

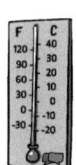

градуснік

Thermometer

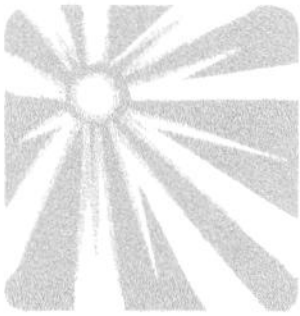

сонечнае святло

Sonnenschein

воблака

Wolke

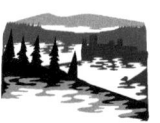

туман

Nebel

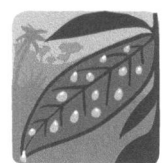

вільготнасць паветра

Luftfeuchtigkeit

маланка

Blitz

гром

Donner

бура

Sturm

град

Hagel

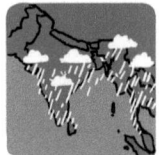

мусонны вецер

Monsun

прыліў

Flut

лёд

Eis

студзень

Januar

люты

Februar

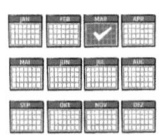

сакавік

März

красавік

April

май

Mai

чэрвень

Juni

ліпень

Juli

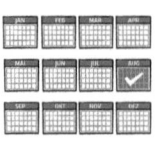

жнівень

August

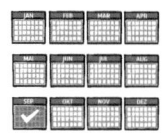

верасень

September

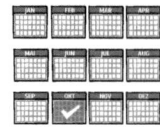

кастрычнік

Oktober

лістапад

November

снежань

Dezember

формы
Formen

круг

Kreis

квадрат

Quadrat

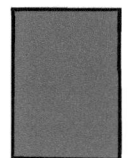

прамавугольнік

Rechteck

трохвугольнік

Dreieck

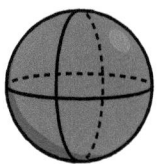

шар

Kugel

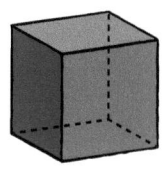

куб

Würfel

белы

weiß

жоўты

gelb

аранжавы

orange

ружовы

pink

чырвоны

rot

фіялетавы

lila

сіні

blau

зялёны

grün

карычневы

braun

шэры

grau

чорны

schwarz

шмат / мала

viel / wenig

злы / добры

wütend / friedlich

прыгожы / брыдкі

hübsch / hässlich

пачатак / канец

Anfang / Ende

высокі / малы

groß / klein

светлы / цёмны

hell / dunkel

сястра / брат

Bruder / Schwester

чысты / брудны

sauber / schmutzig

поўны / няпоўны

vollständig / unvollständig

дзень / ноч

Tag / Nacht

мёртвы / жывы

tot / lebendig

шырокі / вузкі

breit / schmal

ядомы / неядомы

genießbar / ungenießbar

злы / добры

böse / freundlich

узбуджаны / нудны

aufgeregt / gelangweilt

тоўсты / тонкі

dick / dünn

першы / апошні

zuerst / zuletzt

сябар / вораг

Freund / Feind

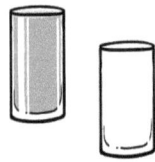

поўны / пусты

voll / leer

цвёрды / мяккі

hart / weich

важкі / лёгкі

schwer / leicht

голад / смага

Hunger / Durst

хворы / здаровы

krank / gesund

нелегальны / легальны

illegal / legal

разумны / дурны

intelligent / dumm

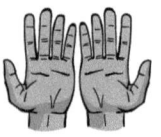

левы / правы

links / rechts

побач / далёка

nah / fern

новы / былы ва ўжыванні
....
neu / gebraucht

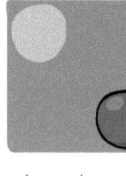

нічога / нешта
....
nichts / etwas

стары / малады
....
alt / jung

укл / выкл
....
an / aus

адчынены / зачынены
....
offen / geschlossen

ціхі / гучны
....
leise / laut

багаты / бедны
....
reich / arm

правільна / няправільна
....
richtig / falsch

шурпаты / гладкі
....
rau / glatt

сумны / шчаслівы
....
traurig / glücklich

кароткі / доўгі
....
kurz / lang

павольны / хуткі
....
langsam / schnell

вільготны / сухі
....
nass / trocken

цёплы / халаднаваты
....
warm / kühl

вайна / мір
....
Krieg / Frieden

Zahlen

0

нуль

null

1

адзін

eins

2

два

zwei

3

тры

drei

4

чатыры

vier

5

пяць

fünf

6

шэсць

sechs

7

сем

sieben

8

восем

acht

9

дзевяць

neun

10

дзесяць

zehn

11

адзінаццаць

elf

12

дванаццаць
zwölf

13

трынаццаць
dreizehn

14

чатырнаццаць
vierzehn

15

пятнаццаць
fünfzehn

16

шаснаццаць
sechzehn

17

сямнаццаць
siebzehn

18

васямнаццаць
achtzehn

19

дзевятнаццаць
neunzehn

20

дваццаць
zwanzig

100

сто
hundert

1.000

тысяча
tausend

1.000.000

мільён
million

англійская

Englisch

англійская (Амерыка)

Amerikanisches Englisch

кітайская мандарынская

Chinesisch Mandarin

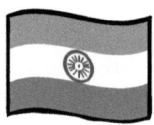

хіндзі

Hindi

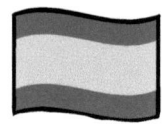

іспанская

Spanisch

французская

Französisch

арабская

Arabisch

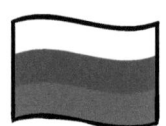

руская

Russisch

партугальская

Portugiesisch

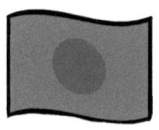

бенгальская

Bengalisch

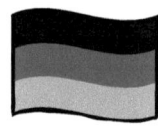

нямецкая

Deutsch

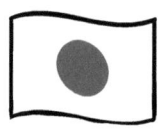

японская

Japanisch

я
ich

ты
du

ён / яна / яно
er / sie / es

мы
wir

вы
ihr

яны
sie

хто?
wer?

што?
was?

як?
wie?

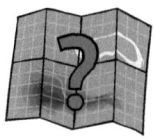

дзе?
wo?

калі?
wann?

імя
Name

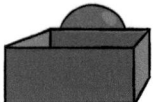

за

hinter

у

in

перад

vor

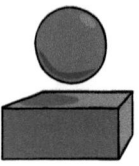

над

über

на

auf

пад

unter

каля

neben

паміж

zwischen

месца

Ort